JN440720

# 늙고 낡아버린
# 영혼들의 바람

책나무시선집

# 늙고 낡아버린 영혼들의 바람

표현득
두 번째 시집

책나무출판사

## | 시인의 말 |

詩는 맑은 감성으로
어여쁜 꽃잎을 피워
은은한 향기를 전하여

우리의 삶을 아름답고
향기롭게 하는 윤활유
역할을 하며 마음으로
감성을 공유하는 귀한
사랑의 글이다

詩를 자주 쓰고 탐독해
아름다운 감성을 갖인
향기롭고 따뜻한 인성과 사랑으로
행복한 삶을 누려봅시다

詩를 사랑합시다
가슴에 따뜻한 등불을
켜고 사랑이 꽃피는
밝은 아름다운 세상을
다 함께  예쁘게 만들어 갑시다

| 목차 |

## 3부 | 가을



## 4부 | 겨울

· 1부 ·

# 봄

# 야생화

이슬에 세수하고
빗물에 목욕하고
바람 안고 춤추며
달빛에 소원 빌고
별빛 보며 희망을
노래하며 산다네

해님을 사랑하고
구름이 품어주고
바람과 벗이 되어
산신처럼 산다네

오늘도 도란도란
마주 보고 앉아서
청담을 나누면서
숲속의 요정처럼
옹달샘 토끼처럼
하늘의 선녀처럼
욕심 없이 따뜻한
행복 주며 산다네

# 얼레지 꽃 연가

순백한 하얀 꽃잎
맑고 순수한 심성

청순한 네 품격이
이슬처럼 빛나니
天國의 선녀로다

달빛 빛나는 밤에
내 마음의 창가에
하아얀 꽃잎 피워

白花 향기 마시며
천년 지기로 삼아
너랑 함께 살리라

# 모란꽃 연가

화사하고 우아하며
단아한 자태 꽃중에
꽃.꽃의 여신이로다

은은하고 향긋한 香
내 영혼에 소리없이
스며들면 난 당신의
남자가 된 듯합니다

붉은 매혹의 향기는
내 영혼마저 흔들어
붉게 녹아서 내리고

오월의 여신 목련화
진정 당신은 우리의
영원한 여왕 입니다

청명한 하늘 아래서
우아하고 아름다운
붉은 사랑 모란花여

내가 얼마나 당신을
사모하고 사랑하는지
알고 있나요?
아신다면 나의 예쁜
사랑을 받아주소서

# 붉은 산딸기

기다림은
외로움을 견뎌내며
가슴은 붉게 성숙하고

그리움이
깊어 갈수록
사랑은 달콤히 물들어
가네

사랑이
깊어가면
그리움도 깊어
가슴에 붉은 눈물방울
촉촉히 맺이고

사랑은
한철 곱게
은은히 익어가는
붉게 빛나는 향기이여라

## 봄비와 나뭇잎

이별을 告하는 봄비
나뭇가지 마디 마다
싱그러운 초록 잎새
은 구슬이 송글송글…

아침이슬 머금은 듯
영롱하게 반짝이는
초록 빛깔 이파리들

서로 살포시 안고서
달콤한 젖줄 마시듯
봄비 사랑에 젖는다

봄비 지나간 자리에
찬란한 햇살 비추면
진 초록의 나뭇잎은

싱그러운 신록 세상
푸른 희망을 꿈꾸며
더욱 푸르게 빛나리

# 초록 숲속을 거닐며

수많은 수목들이
크고작은 얼굴로
수줍은 초록미소
반갑게 손짓한다

각양각색 나뭇잎
숲속의 맑은향기
한사발 건네면서
마셔라 야단이다

산들바람 불어와
나뭇잎 한들한들
음율 가락소리에
얼싸안고 춤춘다

오월의 숲속길은
천국의 숲속인듯
눈부시게 푸르고
해맑고 아름답다

자연은 신이주신
축복의 선물이다
난
오늘도 천국속의
숲속을 걷고 있다

# 숲속의 야경(夜景)

달빛 쏟아지니
별빛 눈부시고

꽃은 만개하여
花色이 빛나니

초록빛 이파리
윤기 반지르르

풀벌레 요정들
합창단 화음은
신의 찬가같고

숲속의 야경은
천국의 꽃처럼

눈이 시리도록
곱고 아름답다

# 오월의 창밖은 푸르다

오월의 地天은
푸르고 푸르다
해맑은 영혼도
향긋한 사랑도
눈부시게 맑다

진붉은 장미꽃
한송이 따다가
그대의 가슴에
달아주고 싶은
사랑스런 오월

눈부시게 맑은
초록빛 세상을
예쁘게 수놓아
푸르지고 싶은
오월의 수채화

# 청 보리밭 푸른 추억

나의 유년시절엔
보리밭 사잇길로
동심속 친구들과
일열로 걸어가며
희망가를 부르며
배고픔을 달랬지

까칠까침 보리밥
허기진 뱃속깊이
된장국과 김치로
배부르게 채우는
소중한 작은알곡
가난한 농부들의
생명줄 이였다네

지금도
시골길 지날때면
청보리곁에 앉아
싱그럽고 풋풋한
초록내음 마시며

고맙고 감사함을
살며시 속삭인다

청보리 꽁보리밥
입안에 돌고도는
구수한 맛과향기
배고픈 옛시절엔
우리들의 구세주
추억의 황금열매
어찌 잊어오리까

# 피고지는 것은 아름답다

이 꽃 지면
저 꽃이 핀다
필때마다 질때마다

은은한
고운 향기로
아름다운 빛깔과
모양으로 사랑스럽게
인사한다

이별과
새로운 만남
행복과 사랑 주고
온몸을 던지면서도
사랑스럽게 미소짓네

때가되면
피고 지는
꽃의 아름다움과
은은한 고운 향기를

사랑하고 행복했노라고.

사라져가고
다시 잉태함은
神이주신 자연의
경이로운 순환의 섭리
이다

## 민들레 홑씨되어…

노오란
가슴 속에
사랑으로 품은
금쪽같은 자식들아

너희들의
당당한 모습이
너무 가슴이 벅차구나

이 밤이
지나가면
햇살 맑은 날
산들바람 불어오면

새로운
미지의 세상에서
각자의 삶을 살아야
한단다

새로운

푸른 세상으로
멀리 높이 날아서
행복을 꿈꾸며 살아라

햇살좋고
바람이 맑은
초원의 들판에
아담한 둥지 털고
행복하게 살아다오

서로
그립고
보고픈 날은
바람에게 부탁해
안부 전하며 살자꾸나
사는 날까지 잊지 말자

# 아카시아 꽃 추억

아카시아 뽀얀 꽃송이
산들 바람에 휘날리니

꽃잎에 꼭꼭 숨어있는
우리들의 사랑이야기
옛추억 솔솔 피어나고

험난한 세월 견뎌내어
은은한 향기 변함없네

우리가 살아있는 동안
너와함께 맑은 향기로

가슴에 하얀 추억쌓아
아름답고 향긋한 우정
다함께 나누며 사세나

# 찔래꽃 여인의 순정

고향으로 가는 길목
고불 고불 언덕길에
새하얀 찔래꽃 곱고
맑게도 피였구나

해마다 오월이 오면
하얀 순수 가슴으로
떠나간 임 기다리며
그리움에 눈물 짓네

무더운 햇살 아래서
힘든 심신도 잊은채
순백의 향기 품고서
애틋한 사랑 꿈꾼다

오늘도 그리운 님이
오실까 봐. 설렘속에
수줍은 미소 지어며
기다리는 마음 애틋
하여라

# 이팝나무 꽃 아래서…

봄
바람
솔솔솔
스며오고
햇살 맑은날
하얀 이팝나무 꽃
아래 살며시 앉아서

그대를
사랑하는
순수 사랑을
소중히 고이 간직한
새하얀 그리움 꺼내어
예쁜 사랑의 시를 쓴다

그대가
좋아하는
하얀 눈꽃 닮은
이팝나무 천사 꽃
한송이 가슴에 꽂고서

내가 사모하는그대에게
사랑의 詩를 씁니다

너무나
그리워서
눈물이 날까봐
살며시 눈을 감고
새 하얀 백지장 위에

애틋한
애심으로 쓴
마음의 맑은 詩를
천사의 날개를 단
흰 구름에 곱게 담아
안부를 전해 올립니다
내 마음에

# 봄날의 아침 풍경

솔솔부는 봄바람
영혼에 스며들고

눈부신 봄햇살은
마음에 등불되고

시냇가에 졸졸졸
흘러가는 淸水의
음율은 청아하다

만물이 생동하는
아름다운 봄날에

온누리에 사랑과
희망의 함성소리
메아리 치는구나

수많은 봄꽃들의
사랑의 속삭임은
향기로 휘날리고

樹木들의 가녀린
잎새는 실눈뜨고
초록으로 물들고

아름다운 봄날의
세상은 사랑내음
은은하게 풍긴다

# 벚꽃인생

눈부시게 피였다
아름답게 지노나

찬란하게 피였다
바람처럼 가노나

나 또한 너와함께
뜨거운 영혼되어
피였다 지고싶다

내 인생 불꽃처럼
하얗게 불태우서

한줌의 재가 되어
먼지처럼 떠나리

# 민들레 연가

못잊어 못잊어서
그립고 그리워서

애타는 가슴으로
한평생 기다리다

민들레 홀씨되어
눈물로 살았다오

햇살좋은 봄날에
春風이 불어오면

노란 戀情 품고서
사랑하는 임에게
살포시 품에 안겨

사랑한다 고백해
행복을 나누면서
천년을 살고싶소

# 봄날 아침 기도

이른아침
눈을 뜨니
하늘은 청명하고
春風이 불어오니
상큼한 봄향기 가슴에
깊숙히 스며든다

산너머 숲속은
나뭇가지가지 마다
새싹과 꽃잎을 피우며
새로운 봄날의 수채화를
그리며 온 몸을 불 태운다

동녘 하늘엔
열정의 태양은
방긋방긋 피어나는
행복한 미소가 희망을
꿈꾸며 밝은 미래를 축복
한다

우리가 꿈꾸는
봄은 꽃들의 세상
내 심전에도 화사하게
피어나 벌.나비떼 춤추는
평화로운 春國은 눈부시게
시작된다

새롭게
봄을 맞이하는
탄생의 축복을 위해
봄날 아침 우주의 神에게
기도한다

# 봄은 사랑의 쉼터

樹木은 봄이오면
자신의 아름다운

心性을 꽃잎마다
고운빛깔과 맑은
향기로 표현한다

인간도 봄이오면
마음의 窓을열고

잡초뿐인 心田에
김을메고 가꾸어

정성스럽게 씨앗
뿌려서 행복한 봄

사랑 향기 가득한
봄의 쉼터 가꾸자

어여쁜 꽃과향기

아름답게 피워서

心身을 화사하게
사랑의 향기 담긴

오색 빛깔 쉼터를
만들어 가슴으로
봄을 즐겨보세나

# 봄 소식

봄비가
머물고 간
자리마다 연둣빛
귀여운 새싹 틔우고
꽃봉오리는 방긋방긋
실눈을 뜬다

햇살 맑고
아지랑이 춤추는
훈훈한 봄 소식에
님의 마음 닿는 곳마다
봄 향기 만발하리

春風부는
행복의 뜨락에
김을 메고 꽃씨 뿌려
님께서 오시는 날
사랑의 꽃 활짝 피워서
한 아름 안겨 드리고 싶다

봄이 오는
길목마다 山天은
봄을 노래하니 만물은
하늘의 축복이 충만하여
푸른 봄 하늘도 눈 부시네

· 2부 ·

# 여름

# 여름밤의 꿈

우리
서로가
그리워 함은
다시 만날수 있다는
희망을 꿈꾸며 살아요

못잊어하는
深海같은 애심
애틋한 그리움으로
내 마음이 아프답니다

여름 밤
초록 내음
곱게 스며있는
숲속 나뭇잎 사이로

반짝반짝
눈 웃음 짓는
하얀 별빛 엮어서
사랑 등불 밝혀봅니다

# 도라지 꽃 연가

별을따다 놓은 듯한
맑은 모습과 순수한
마음이 예쁘고 곱다

꽃잎에 새겨진 별빛
같은 눈부신 보라빛
사랑의 연서 가슴에
안고서 울먹 입니다

영원한 사랑을 위해
임을 기다리며 기도
하는 애틋한 내 마음
아시나요?

무심한 세월이 나를
데려갈까 봐두렵소
언제쯤 오시렵니까…
기다림 너무 아파요

# 산(山)

해마다 새로운 계절엔
넉넉한 품격과 향기로
끝없이 나누고 베푸는
큰 마음으로 변함없이
반겨주는 벗과같은 山

수많은 짐승과 벌레들
삶의 터전을 가슴으로
품어 주는 거룩한 山

눈.비가 몰아치고 천둥.
번개 수없이 내려 쳐도
엄마의 큰 가슴 닮은듯
草木들 사랑으로 품어
함께 어우러져 사는 山

산은 숲과 계곡 만들어
청정수와 맑은 공기를
쉼없이 흐르게 하노니
산천은 푸르고 맑구나

산을 사랑하는 산사람
들에게 초록빛 가슴에
행복의 꽃과 향기 주는
아름다운 배려와 사랑
주는 경이로운 산이다

# 여름날의 수채화

여름은 뜨겁게 익어간다
숲속의 초목의 이파리는
반들반들 윤기가 빛나고

빨간 고추잠자리 연꽃에
앉아서 달콤한 사랑놀이
절정에 신들린 날개짓은
경이롭기만 하구나

진초록 들녘엔 오곡백과
익어가는 싱그러운 향기
감미로와 극락속의 향기
인듯 곱고도 향기롭다

앞마당 호두나무 가지엔
사랑의 밀어를 속삭이는
매미는 해지는줄 모르고
맴맴맴 신나게 노래하네

여름햇살 서산에 머무니

계곡에서 시원하게 부는
산들바람은 초록 향기로
은빛 달님을 유혹하노나

# 여름비 그리고 그리움

아프고
너무 아파서
피멍이든 가슴에
맺인 서러움의 눈물
나의心田에 밀물처럼
스며든다

잔잔히
흐르는 빗물은
외로운 내 가슴에
붉은 꽃잎으로 피어나
그리움은 눈처럼 쌓이고

뽀하얀
물안개 처럼
불현듯 다가오는
그리움에 빗속으로
한없이 달려가고 싶다

아!

떠나버린
애틋한 사랑
잊고 살아왔지만
순간순간 떠오르는
예쁜 그리움 사랑이였네

한때는
죽도록 사랑한
그 여인의 해맑은
미소가 너무 그리워
나는 소리내어 펑펑 울어
버렸네

# 여름 바다

너울너울
춤추는 바다
사랑.희망 품은
뜨거운 함성 소리

부드러운
파도의 율동
바라만 보아도
사랑의 음율 흐르고

푸른
청춘들의
맑은 속삭임
떨림과 두근거림
심장은 용솟음 친다

저멀리
지평선 따라
둥실둥실 흐르는
뽀하얀 뭉개구름

한조각 떼어 내어

사랑 담은
돛단배 만들어
출렁출렁 춤추며
여름바다 속으로 떠나요

# 채송화 소녀

강산이 수십번 변해도
한결같이 귀엽고 예쁜
천진난만한아기같은
순수한 모습이 곱구나

너를 보며 童心속에서
코흘리게 동무 모여서
하하호호 웃는 얼굴이
내 마음속 셀렘의 감성
아련히 피어 나노나

소박한 작은 돌담아래
사랑스럽게 피어 있는
서민적인 향취가 묻은
행복을주는 기쁨의 꽃
이다

알록달록 오색 빛깔로
물들이고 만나는 인연
마다 방긋방긋 미소를

선물하는 해맑은 심성
맑고 고와서

내 마음의 창가에 너의
예쁜 꽃씨 심어 오색빛
사랑을 꿈꾸며 살리라

# 장맛비 내리는 밤

장맛비
하염없이
흘러 내리는
애잔한 이 밤에

가슴에
스며드는
님의 향기는
그리움을 부르고

내 마음
두드리는
빗방울 마다
애달픈 속삭임
눈물이 나옵니다

님이여
비 내리는
이 밤 오시어
흔들리는 애심
꼭 품어 주오소서

# 풀꽃 사랑

곁에서 바라보면
어여쁜 귀염둥이
순수하고 해맑은
소녀같이 곱구나

멀리서 바라보니
옹기종기 손잡고
웃음꽃이 만개한
童僧의 모습같다

어울림속의 맑은
초록의 향기품고
행복이 피어나는
청산의 꽃이로다

## 칠월의 바람

신록의 계절인
칠월엔 만나는
인연마다 맑은
벗처럼 대하자

꽃과 대화하듯
겸손한 마음과
감사와 사랑을
행복을 나누며
욕심없이 살자

초록빛 숲속의
향기를 가슴에
품고서 해맑은
미소를 나누며
사랑으로 살자

부드러운 품격
맑은 심성으로
칠월의 푸르른

추억 아름다운
행복을 만들자

# 유월의 안부

여보게 나의 친구.
어떻게 살고 있니?

그냥
숲속의 들꽃 처럼
마음 비우며 맑게
살아가고 있다네

유월의 푸른 숲속
크고 작은 나무는
햇살과 구름 안고
청량한 바람 품고

온갖
산새들과 야생화
풀벌레 기르면서
맑게 살아가듯이

나 또한
그렇게 살아가며

청산을 벗을삼아
세월먹고 산다네

# 신록의 아침 향취(香臭)

신록의
푸른 아침
풋풋한 초록빛
樹木과 들꽃의 향취
가슴 깊숙히 마셔봅니다

붉은
장미 꽃잎
한 잎을 띄워
사랑의 茶를 타
감미롭게 마시며
그리움에 아파하는
내 마음을 달래어 봅니다

# 유월의 사랑

하늘은 파랗고
들녁은 초록빛

마음은 푸르고
바람도 맑구나

매혹의 장미는
사내를 유혹해

진붉은 입술로
향기를 품노나

신록의 유월은
신비로운 계절

장미꽃 지기전
붉은빛 사랑을
가슴에 예쁘게
물들이고 싶어…

# 꽃을 사랑으로 품자

삼라만상의 세상에
각양각색의 꽃 들은
꽃잎의 모양 빛깔이
달라도 꽃을 피우는
뜨거운 열정 만큼은
한마음 사랑 이로다

가녀린 여린 몸매로
강풍과 비. 바람속에
고난과 역경 견디어
花心의 눈물로 빚어
끝없는 사랑의 힘을
모아 아름답게 피운
눈부시게 빛나는 꽃

우리는 꽃의 외모나
빛깔만 곱다는 생각
보다 어둡고 외로운
가슴으로 곱게 피워
방긋방긋 웃어 주며

행복을 주는 꽃에게
감사한 마음 나누며
늘 겸손한 마음으로
꽃에게 사랑을 주자

# 파란 하늘과 흰 구름

파란 하늘에
白鶴이 춤을 추는 듯한

흰 구름은
눈이 시리도록 아름답고 곱구나

천사의
맑은 영혼으로 사랑과
꿈을 푸르른 희망을 그려 놓은 듯 황홀하고 예쁘다

내 마음
파란 하늘빛
영혼 속에 순수한
우리 사랑 흰 구름으로
수채화로 수놓고 싶어.

# 유월의 초록 여인아

유월의 초록 여인아
수국꽃처럼 우아한
자태와

장미꽃 같은 황홀함
들꽃 같은 순수의香
이슬보다도 곱다오

오늘 밤 나 홀로
산들바람에 몸 싣고
황금 달빛 스며드는

초록 숲속 사잇길로
유월의 초록 여인을
만나 내 사랑 드리리

그대
곁에 함께한 사랑에
설렘의 감성이 춤을
춥니다

# 앵둣빛 사랑

알알이 익은 앵두알
가슴 속까지 빨갛게
탐스럽게 익었구나

터질 듯 달콤한 사랑
붉디붉은 내 마음을
임에게 드리고 싶어

봄 햇살 같은 그리움
애틋한 기다림으로
붉은 진주알 되였네

한 알
한 알 곱게 역고역어
사랑하는 님 오시면
붉은 열정의 가슴에
내 사랑 담아드리리

아. 눈부시게 빛나는
나의 붉은 사랑이여!

앵둣빛 뜨거운 향기
영원히 잊지를 마오

· 3부 ·

# 가을

# 낙엽 쌓인 길 따라‥

해는
서산에 지고
외로움이 스며든
허무한 가슴 안고서

그대
머물던
빈자리 마다
적막감이 스린
낙엽 쌓인 길 걸으며

아직도
여기저기
가을이 남긴
고엽의 숨결이
마지막 향기 토한다

나뭇가지
사이로 스치는
삭풍도 가는 길

멈추고 슬퍼 하노나

만추의
낭만 사랑
아쉬움 남긴
아름다운 추억들…

가슴에
고이 간직해
잊지 않겠다고
작별의 인사 나누네

# 풋과일과 홍시

야들아!
젊은 너희만
심장이 뛰는줄 아니?

아니야
늙은이도
멋진 인연을 보면
심장이 붉고 뜨겁지

야들아!
너희가 하는사랑
덜익은 풋사랑이요

늙은이는
잘익은 달콤한
홍시같은 사랑이지

늙어도
국화꽃 향기같은
설렘의 사랑 그립다오

얘들아!
너희들도
늙어 보아야
진정한 사랑의 맛
그윽한 향기를 알 거야

# 달빛 맑은 가을 밤

짙고 푸른 가을 하늘엔
하얀 달빛 쏟아 내리고
은빛 춤 곱게 스며드네

산과들엔 수목의 잎새
곱게 물들어 반짝반짝
윤기 흘러 향기 품어니

우리와 동행하는 자연
신천지같이 경이롭다

낭만의 사랑이 그리운
향기로운 가을의 밤에

우리 사랑도 달빛처럼
맑게 단풍처럼 진붉게
익어 곱게 물들어 가세

# 나무와 낙엽이 가는 길

너는 바람따라 가고
난 세월따라 가노나

당신의 곱든 육신은
침묵속에 잠이 들고
향기는 하늘로 가네

난 눈보라 몰아치는
겨울 언덕에 앉아서
맑은 깨달음에 중진

춘삼월 새 봄이오면
꽃과 향기로 만나리

# 엄마와 가을

억새꽃 활짝 피어있는
산마루 고갯길 사이로
우리 엄마가 오시구나

은빛 머리결 곱게 빗고
천사의 모습으로 곱게
단장하고 갈바람 타고
사뿐사뿐 오십니다

눈부시게 아름다운 날
천상에서 자식들 사는
모습이 보고파서 가을
여행 오시나 보다

흰적삼 곱게 차려입고
해맑은 꽃미소 지으며
날 부르며 손짓 하시는
사랑하는 우리 엄마!

꿈 속에서도 그리움이

사뭇친 우리 엄마 만나
오색 빛깔 단풍이 물든
예쁜 가을 숲속길 따라
손잡고 소풍 가오리다

# 가을 사랑과 추억

눈부시게 화려한
가을은 아름답게
빛나고 향긋하다

붉게 물든 단풍잎
心身을 불태우고

감미롭고 향긋한
축복의 가을山河
행복을 품어주는
사랑의 벗이로다

설렘의 만남속에
낭만의 가을사랑
곱게도 익어간다

먼훗날 추억들이
그립고 생각날때
살며시 흔적들을
꺼내어 보오리다

# 가을이 떠나갈까 두렵소

天地가 오색물결
눈부시고 뜨겁게
황홀하게 익어가

가을이 떠나갈까
너무 두렵소이다

제발 조금조금씩
천천히 곱게익어
내곁에 오래토록
머물며 예쁜추억
가슴에 담아주오

알록달록 山天은
진붉게 불타올라
심장이 타고녹아
향기되어 춤추네

# 항홀한 가을 풍경

깊어가는 가을의 景致는
눈부시게 화려하여 神의
손으로 풍경을 그리듯이
황홀하구나

방방곡곡 산과 들녘에는
곱게 익은 단풍의 향기가
心田에도 살며시 다가와
따뜻한 행복 가득 품노나

가을향기는
님의 향기처럼 향기롭고
그윽해 그리움이 스며와
애잔한 낭만의 가을 사랑
그대와 함께 나누고 싶은
마음이 간절합니다

해마다 다시 찾아오시는
이 가을은 신의 선물이요
우리에겐 그대가 곧 나의
사랑이요 내 마음 이여라

# 가을 애심(愛心)

너무나 보고싶은
애틋한 그리움에

樹木들의 잎새도
곱게도 물들었네

소슬바람 불며는
님께서 오시는날

울긋불긋 색동옷
예쁘게 갈아입고

님 안고 춤을추며
秋사랑 불 태우리

행여나 심술쟁이
삭풍이 불어올까
노심초사 하노라

# 노란 은행나무 잎새

은행나무 이파리가
노란 꽃으로 피어나
향긋하게 익은 가을
따뜻하고 평온하다

노란 가슴은 희망이
넘쳐 행복이 충만해
가을 낭만의 사랑은
화사한 꽃으로 피어
납니다

눈부신 가을 속으로
노오란 꽃길 따라서
걸어면 가을 사랑은
훈훈함이 익어간다

여리고 예쁜 아기손
닮은 노오란 이파리
한잎 따다 책갈피에
끼워 아름다운 가을

추억을 가슴에 고이
담아 두어 사랑하리

# 시월의 수채화

시월의 산과 계곡은
極樂 세상을 보는듯
오색 빛깔 눈부시니
황홀해 눈물이 난다

天地가 행복에 젖고
아름답게 물든 단풍
봄꽃보다 붉고 곱다
잘익은 나뭇잎 향기
은은한 향기 춤추고

에메날드 빛 하늘은
눈이 시리도록 맑고
흰구름은 바람 결에
가을 수채화 그리며
예쁜 추억을 남기네

화사하게 익은 가을
자연의 큰 사랑으로
우리에게 행복 주는

축복의 날에 낭만의
가을 사랑으로 멋진
추억을 만들어 보세

# 가을과 사랑

그리움은
마음 뜨락에
초목의 맑은 잎새
한닢두잎 곱게 물들이고

외로움은
소슬바람 타고
마음의 문을 열고
가슴 깊숙히 스며든다

긴 기다림
흠모의 사랑
일곱 빛깔로 색칠해
예쁜 가을사랑 고백하고

심심산골에
외로이 피어있는
하얀 순수 들국화
은빛 이슬 머금고서
맑은 미소로 윙크하네
향긋이 물들어 가는

# 가을 숲속의 하모니

파란 가을 하늘 청명하고
높아만 가니 행복의 눈물
이슬처럼 맺이노나

눈부신 햇살은 사랑 열매
품어 안으니 빨갛게 익어
달콤하고 탐스럽기만 해

갈바람은 나뭇잎 사이로
스며들어 짜릿한 입맞춤
사랑의 리듬과 하모니에
오색빛으로 물들어 간다

내 마음속 작은 숲속에도
가을 향기 곱게 스며드니
낭만의 詩語가쏟아지고
애잔한 그리움 깊어만가네

# 가을은 참 곱구나

가을은
높아만 가고
티없이 맑은하늘
청명하고 눈부시다

천상의
선녀를 꿈꾸는
흰 순백의 구름은
갈바람에 춤을추니
천상의 선녀 모습이다

숲속의
계곡 사이로
스며들어 부는
천개의 바람은
꽃보다 예쁜 오색
잎새는 花色을 품고

향긋한
숲속의 마을

산새와 벌레들
다 함께 모여앉아
자연에 감사의 기도
올리며 기쁨의 노래해

파아란
가을 바다
지평선 바라보며
님이 오시나 하여
흰 파도 높이 날아서
나 여기있다 손짓하네

역시
가을은
사랑의 계절
달콤하게 익는
낭만 사랑을 꿈꾸는
포근한 사랑의 쉼터다

# 가을 숲으로 가자

날마다 날마다
더욱 아름답게
곱게 익어가는
가을 숲속으로
다함께 떠나요

넌.
노오란 은행잎
난.
붉은 단풍잎이
되어 마주보며

더욱 익어가는
우리 사랑의 꿈
함께 속삭여요

소슬바람 부는
밤이되면 나의
붉디붉은 사랑
당신의 가슴에

모닥불이 되고

햇살좋은 낮엔
포근한 노랑빛
나의 가슴속에
곱게 물들이며
사랑의 추억을
함께 만들어요

오색빛깔 가을
작은 숲속길로
다함께 손잡고
숲으로 모여요
우리의 사랑을
수놓아 봅시다…

# 코스모스 꽃 소녀

언제나
보고 또 보아도
청초한 예쁜 얼굴
순수하고 맑은 미소

갈바람
살며시 불어와
사랑으로 품어니
가녀린 허리로 춤추는
소녀

언제나
그러하듯
가을이 오면
사모하는 애심을
전하지 못한 아쉬움…

올 가을엔
네 곁에 머물며
설렘의 마음으로

진심으로 사랑함을

고백하며 속삭이리라

# 붉은 고추

햇볕 잘드는 고추밭
빨간 고추 주렁주렁
잘 익어서 눈부시니
올해도 풍년 이구나

길고 잘생긴 멋쟁이
고추는 붉은 윤기가
반짝반짝 그 향기도
매콤하고 짜릿하여
가슴이 뜨거워지네

길 지나든 동네처녀
수줍은 얼굴이 붉게
물들고 예쁜 고추가
탐스럽고 넘넘하여
한참을 서성 이노나

올 가을은
붉은 고추 판돈으로
앞집 뒷집 새색시들

고추 씨앗 잘뿌려서
多産하여 풍년가자

## 가을 연서

가을을 핑개삼아
그대가 보고싶소

언제 소식주시면
한숨에 달려나가
그대를 맞으리오

갈색빛깔 오동잎
곱게물든 언덕에
나란히 앉아서

첫만남의 추억을
회상하며 행복한
만남이고 싶어요

선선한 가을바람
살며시 불어오면
코스모스 꽃향기
은은한 꽃길따라

그대와 손을잡고
아름다운 밀어를
속삭이고 싶어요

# 가을비 내리는 숲속의 밤

가을비
부슬부슬
내리는 가을 밤
내 마음은
옛 추억에 젖어 들고

눈부시게
곱게 익어가는
오색 빛깔 이파리
말끔하게 단장하니
가을은 성큼 다가오네

숲속엔
풀벌레 무리
둥지속에 빗물이
방울방울 스며드니
온 가족들이 야단법석

깊어가는
憂愁에 찬

빗속의 가을 밤
희망의 숲속마다
달콤한 향기 익어간다

# 가을 동화

님이여!
가을이 왔어요
그동안 마음속에
고이 간직한 마음 향기
오색 빛깔 사랑을 드립니다

님이여!
올 가을에는
붉은 단풍잎 처럼
샛노란 은행잎 닮은
따뜻하고 포근한 사랑
가을햇살 눈부신 숲속길
걸어며
사랑차 한잔 나누어 마셔요

우리!
그 토록
기다리던
아름다운 가을날
그리운 님 오신다기에

낭만 사랑은 더욱 눈부신
환상의 가을 동화가 되리라

# 가을 예찬

오색빛 가을 나뭇잎 들은
꽃처럼 곱게 피어 물들고

꽃진 자리엔 알찬 열매가
생긋생긋 행복 미소짓네

황금빛 들녘 오곡 백과는
예쁘게 익고익어 地天間
그윽하게 휘날리는 향기
평온한 극락의 모습이다

코스모스 꽃잎 알록달록
갈바람에 살며시 흔드는
춤추는 자태 가을 여인의
사랑에 빠진 설렘 같도다

역시 가을은 풍성한 결실
넉넉한 마음 구수한 향기
낭만의 사랑 가득한 계절

참으로 눈부시게 황홀한
가을풍경은 예쁜 한폭의
수채화 같아 경이롭구나

· 4부 ·

# 겨울

# 겨울 창가에 앉아서…

따뜻한 햇살이
눈부시게 맑은
겨울날의 오후

따뜻한 창가에
조용히 앉아서
책장을 넘기며

평온한 마음에
사랑의 詩語를
맑게 그려본다

작은 글밭속에
부드러운 숨결
속삭이는 듯한

그대의 목소리
나를 부르노나

# 겨울 커피

겨울 햇살
눈부시게 맑은
아담한 강변의 카페

내 님이
오실것 같아서
애잔한 그리움 안고

은은한 香
물씬 풍기는
커피 향기에 빠진다

꽁꽁
얼어붙은
가슴은 눈 녹듯
녹아 샘물이 흐르고

봄 닮은
그대에게
커피 한잔 보내어
새 봄을 꿈꾸게 한다

## 겨울 산(山)

칼 바람
마다 않고
하얀 가슴으로
사랑을 품어 주는 너.

언제나
변함없는 자태
고난의 길 따라서
깨달음에 중진하는 너.

사시사철
늘. 그 자리에
巨山의 품격으로
하얀 세상을 꿈꾸노나

새로운
낙원의 세상
밝아오는 날까지
수천년 기다림으로
새 희망을 기도하는 너.

세속의
인간들도
나누고 베푸는
큰 사랑으로 산다면
얼마나 아름다울까요?

# 겨울 아침

겨울
아침 창밖엔
매서운 혹한의 세상

나의
마음엔
봄이 온듯
예쁜 꽃이 핍니다

봄을
기다리는 마음
언제나 행복합니다

산너머
남촌에서
벗(友)으로부터
봄 편지 도착했어요

다시금
예쁜 봄은

춘풍을 타고서
살며시 나를 안아주리

# 겨울새

눈보라
휘날리는
눈꽃 가지에 앉아

누구를
애타게 그리워
목노아 울어 되나

심술궂은
北風寒雪은
네 마음 알아줄까?

겨울새야
울지 마라
함박눈 쏟아져
머나먼 길
님! 어이 오시려나

흰 눈꽃
떨어지면

그리운 님이

봄바람 안고서

한걸음에 달려오리

# 설경(雪景)의 경치(景致)

冬土의 山河
설경은 신비로운
신천지같은 풍경이다

하얀 세상은
순수함의 빛나는
경이로움의 극치이다

거짓과
가식이 없는
사랑과 평화 만이
존재하는 세상 같구나

천사가 사는
순백한 마음의
영혼만이 숨을쉬는
天國의 극락같은 세상

세속의
세상에도

하얀 설경같은
해맑은 心性으로
나눔과 베풂의 사랑
꿈꾸며 행복에 젖는다

# 설국의 산사(山寺)

웅장한 대웅전
문풍지 사이로
스며드는 삭풍

흔들리는 촛불
창백한 노승의
佛法 독경소리

부처님 사랑과
맑은 풍경소리
은은히 울리고

함박눈 내리는
산속의 수목엔
자비의 눈꽃이
활짝 피였구나

# 눈꽃(雪花)

하얗게
반짝이는 너
차분한 마음으로

설렘과
두근 되는
심장을 다독이며

순백한
여인 닮은
눈부신 너를 보며

사랑하는
순수한 마음이
꽃보다 아름답구나

# 겨울비 내리는 초저녁

겨울비
봄비처럼
주룩주룩 내린다
봄 소식 전하려는 듯

창문 너머
회색 빌딩 사이로
어둠의 그림자는
소리없이 스며들고

樹木은
가지가지 마다
봄을 기다리는
맑은 그리움 품노나

은빛
빗방울은
뿌리 깊숙히 적시어
침묵하는 영혼 깨우네

겨울비
슬피우는 밤
님을 향한 그리움에
내 심장 붉게 익어간다

# 눈이 내리네

하늘에서
白鶴이 춤을추 듯
새하얀 눈이 내리네

천사가
하늘의 축복과
사랑을 가득 안고서

내 마음의
작은 뜨락에도
소복소복쌓이노나

행여나
나 보고파
님이 오신다면
영롱하게 반짝이는

눈꽃 길따라
따뜻한 미소로
쉼 없이 달려가
그대 마음 품어리라

# 겨울아침 그리움…

수많은
세월을 함께한
우리의 고운 인연

언제나
애잔한 그리움
기다림으로 살았지

겨울 아침
찬바람 불어
빈가지 흔들리면
그대가 그리워 진다

늘…
서로의
가슴으로 품은
순수한 맑은 사랑
눈꽃처럼 향기롭다

# 겨울 단상

눈부신
겨울 햇살
창가에 스며들고

설국의
山과 들엔
눈꽃 香 날리네

찻잔 속에
겨울 愛心을
따뜻하게 담아서

꽃 피는
예쁜 봄날을
손꼽아 기다리며
행복한 봄을 꿈꾸네

# 첫눈(初雪)

첫 사랑같은 설렘의 첫눈
하얀 눈꽃송이 송이송이
소리없이 곱게도 내리네

새하얀 마음 뽀하얀 사랑
해맑은 향기 가득 품고서
鳳凰이 날개펴고 춤추듯
온누리에 축복이 내리네

산과들에도내 가슴에도
천사의 순수하고 순백한
사랑이 스며있는 하아얀
선물이 소복소복 쌓이네

# 겨울 사랑

깊어가는 겨울밤
찬바람은 창문을
세차게 두드리고

따뜻하고 포근한
사랑의 이불속엔
겨울사랑 향기가
살며시 피어난다

우리의 겨울사랑
새하얀 눈꽃처럼
순수한 愛心으로
행복을 함께해요

# 겨울 사랑 2

눈부신 백설의 향기
첫 사랑이 그립구나

사모했던 그 여인의
淸心香인 듯 살며시
가슴 속에 품어 본다

지금쯤
그 여인도 새 하아얀
첫 사랑 향기를 아직
잊지 못하여

가슴에 곱게 간직한
예쁜 추억을 꺼내어
그리워 보고파 하며
내 생각하고 있을까?

# 겨울비

겨울비 내리는
쓸쓸한 창가에
寒氣만 가득해

떠나간 내 님을
잊을수가 없어
그리운 愛心은
꿈속에 머물고

님을향한 사랑
가슴에 품고파
방황하는 마음
애절함에 슬픈
눈물 젖어드네

아!
가버린 내 임은
소식도 없으니
공허한 心田엔
찬비만 내리네

야속한 겨울비
무심한 님같아
아프고 아파서
내 영혼 마저도
허물어져 우네

## 대설(大雪)

큰 눈이 내린다는
소설과 동지 間에
스물 한번째 절기
대설 입니다

눈이 많이 내리면
보리의 이불 되어
다음 해에 풍년을
약속하는 날이다

대설인 오늘 하루
함박눈 펑펑 내려
오염된 속세 맑고
깨끗히 덥고 덥어

순백하고 순수한
솜털같이 포근한
인심과 사랑으로

천사들과 어울려

함께하는 평온한
세상에서 살도록
만들어 주오소서…

# 그 옛날 겨울밤의 추억

시커멓게 그을린 아궁이에
낮에 아버지가 산에서해온
썩둥구리 잔뜩넣고 군불을
땐다

따뜻한 온기가 구둘막으로
스며들어 가족들 옹기종기
모여앉아 心身을 녹인다

엄마가 군불에 넣어 익힌
까맣게 그을린 군 고구마
한 소구리 가져와 허기진
배를 가득 채운다

찬바람에 삭막하고 낡은
누추한 방안은 세상에서
가장 행복한 둥지가 된다

등따시고 배부르니 모두
코를 골며 달콤한 꿈속에

빠진다 봄날같은 행복과
희망을 꿈꾸는 행복한
가족들…

그 옛날의 겨울밤은 비록
가난하고 배고파 했지만
사랑과 정 넘치는 마음은
따뜻한 겨울 밤의 추억이
그리움의 꽃으로 피어난다

## 겨울 애(愛)

우리의
겨울 사랑은
첫눈같이 곱고
순수하고 어여쁜
하얀 소년과 소년의
설렘의 마음처럼 사랑
해봐요

北風이
아프게 불면
따듯한 가슴으로
사랑의 모닥불 피워
온기 나누며 사랑의 힘
으로 이겨내요

애잔한
기다림으로
꽃 바람 불면
향긋한 봄꽃 향기로
꽃과 나비같은 사랑을

속삭이며 행복을 주는
사랑의 꽃을 피워요

# 겨울(冬)의 시작

짧은 낮
긴 어둠의 밤
애틋한 임 사랑
그리움 깊어만 가고

허럼한
문풍지 사이로
차갑게 스며드는
寒風은 心田에 핀
愛花 얼음꽃 되였네

첫눈 내린
하얀 山天은
겨울새 모여서
天使의
사랑을 전하며
행복의 노래 부르네

# 늙고 낡아버린
# 영혼들의 바람

초판 1쇄 발행 2024년 7월 8일

**지은이** 표현득

**펴낸이** 임병천
**펴낸곳** 책나무출판사
**출판신고** 2004년 4월 22일 (제318-00034)

**주소** 서울시 영등포구 신길3동 325-703F
**전화** 02-338-1228 **팩스** 0505-866-8254
**홈페이지** www.booktree.info


**ISBN** 978-89-6339-735-1 03810